TEXTE

DE

LA LOI DU 8 DÉCEMBRE 1883

RELATIVE A L'ÉLECTION

DES

JUGES CONSULAIRES

PARIS

LIBRAIRIE COTILLON

F. PICHON, SUCCESSEUR, IMPRIMEUR-ÉDITEUR,

Libraire du Conseil d'État,

24, RUE SOUFFLOT, 24

1883

TEXTE

LA LOI DU 8 DÉCEMBRE 1883

RELATIVE A L'ÉLECTION

JUGES CONSULAIRES

AVIS

—

Toutes les lois importantes paraîtront dans ce format dans la semaine qui suivra celle de leur promulgation.

TEXTE

DE

LA LOI DU 8 DÉCEMBRE 1883

RELATIVE A L'ÉLECTION

DES

JUGES CONSULAIRES

PARIS

LIBRAIRIE COTILLON

F. PICHON, SUCCESSEUR, IMPRIMEUR-ÉDITEUR,

Libraire du Conseil d'État,

24, RUE SOUFFLOT, 24

—

1883

TEXTE

DE

LA LOI DU 8 DÉCEMBRE 1883

RELATIVE A L'ÉLECTION

DES

JUGES CONSULAIRES

Art. 1er. — Les membres des tribunaux de commerce seront élus par les citoyens français commerçants patentés ou associés en nom collectif depuis cinq ans au moins, capitaines au long cours et maîtres de cabotage ayant commandé des bâtiments pendant cinq ans, directeurs des compagnies françaises anonymes de finance, de commerce et d'industrie, agents de change et courtiers d'assurances maritimes, courtiers de marchandises, courtiers-interprètes et conducteurs de navires institués en vertu des articles 77, 79 et 80 du Code de commerce, les uns et les autres après cinq années d'exercice, et tous, sans exception, devant être domiciliés depuis cinq ans au moins dans le ressort du tribunal.

Sont également électeurs, dans leur ressort, les membres anciens ou en exercice des tribunaux et des chambres de commerce, des chambres consultatives des arts et manufactures, les présidents anciens ou en exercice des conseils de prud'hommes.

Art. 2. — Ne pourront participer à l'élection :

1° Les individus condamnés soit à des peines afflictives et infamantes, soit à des peines correctionnelles, pour faits qualifiés crimes par la loi ;

2° Ceux qui ont été condamnés pour vol, escroquerie, abus de confiance, soustractions commises par les dépositaires de deniers publics, attentats aux mœurs ;

3° Ceux qui ont été condamnés à l'emprisonnement pour délit d'usure, pour infraction aux lois sur les maisons de jeu, sur les loteries et les maisons de prêt sur gages, ou par application de l'article 1er de la loi du 27 mars 1851, de l'article 1er de la loi du 5 mai 1855, des articles 7 et 8 de la loi du 23 juin 1857 et de l'article 1er de la loi du 27 juillet 1867 ;

4° Ceux qui ont été condamnés à l'emprisonnement par application des lois du 17 juillet 1857, du 23 mai 1863 et du 24 juillet 1867 sur les sociétés ;

5° Les individus condamnés pour les délits prévus aux articles 400, 413, 414, 417, 418, 419, 420, 421, 423, 433, 439, 443 du Code pénal ; et aux articles 594, 596 et 597 du Code de commerce ;

6° Ceux qui ont été condamnés à un emprisonnement de six jours au moins ou à une amende de plus de 1.000 fr. pour infraction aux lois sur les douanes, les octrois et les contributions indirectes, et à l'article 5 de la loi du 4 juin 1859, sur le transport, par la poste, des valeurs déclarées ;

7° Les notaires, greffiers et officiers ministériels destitués en vertu de décisions judiciaires ;

8° Les faillis non réhabilités dont la faillite a été déclarée soit par les tribunaux français, soit par des jugements rendus à l'étranger, mais exécutoires en France ;

9° Et généralement tous les individus privés du droit de vote dans les élections politiques.

Art. 3. — Tous les ans, la liste des électeurs du ressort de chaque tribunal sera dressée pour chaque commune par le maire, assisté de deux conseillers municipaux désignés par le conseil, dans la première quinzaine du mois de septembre ; elle comprendra tous les électeurs qui rempliront, au 1er septembre, les conditions exigées par les articles précédents.

Art. 4. — Le maire enverra la liste ainsi préparée au préfet ou au sous-préfet, qui fera déposer la liste générale au greffe du tribunal de commerce, et la liste spéciale de chacun des cantons du ressort au greffe de chacune des justices de paix correspondantes : l'un et l'autre dépôts devant être effectués trente jours au moins avant l'élection. L'accomplissement de ces formalités sera annoncé dans le même délai, par affiches apposées à la porte de la mairie de chaque commune du ressort du tribunal.

Ces listes électorales seront communiquées sans frais à toute réquisition.

Art. 5. — Pendant les quinze jours qui suivront le dépôt des listes, tout commerçant patenté du ressort, et en général tout ayant droit compris dans l'article 1er poura exercer ses réclamations, soit qu'il se plaigne d'avoir été indûment omis, soit qu'il demaude la radiation d'un citoyen indûment inscrit. Ces réclamations seront portées devant le juge de paix du canton par simple déclaration au greffe de la justice de paix du domicile de l'électeur dont la qualité sera mise en question. Cette déclaration se fera sans frais et il en sera donné récépissé.

Le juge de paix statuera sans opposition ni appel dans les dix jours sans frais ni forme de procédure, et sur simple avertissement donné, par les soins du juge de paix lui-même, à toutes les parties intéressées.

La sentence sera, le jour même, transmise au maire de la commune de l'intéressé, lequel en fera audit intéressé la notification dans les vingt-quatre heures de la réception.

Toutefois, si la demande portée devant le juge de paix implique la solution préjudicielle d'une question d'état, il renverra préalablement les parties à se pourvoir devant les juges compétents, et fixera un bref délai dans lequel la partie qui aura élevé la question préjudicielle devra justifier de ses diligences. Il sera procédé en ce cas, conformément aux articles 855, 857, et 858 du Code de procédure.

Les actes judiciaires auxquels l'instance devant le juge de paix donnera lieu ne seront pas soumis au timbre et seront enregistrés gratis.

Art. 6. — La décision du juge de paix pourra être

déférée à la Cour de cassation dans tous les cas par ceux qui y auront été parties, et, en outre, dans le cas où le jugement ordonnerait l'inscription, sur la liste, d'une personne qui n'y figurait pas, par tout électeur inscrit sur la liste électorale.

Le pourvoi ne sera recevable que s'il est formé dans les dix jours de la notification de la décision. Il ne sera pas suspensif. Il sera formé par simple requête, dénoncé aux défendeurs dans les dix jours qui suivront et jugé d'urgence, sans frais ni consignation d'amende. L'intermédiaire d'un avocat à la Cour de cassation ne sera pns obligatoire.

Les pièces et mémoires fournis par les parties seront transmis sans frais par le greffier de la justice de paix au greffier de la Cour de cassation.

La Chambre civile de la Cour de cassation statuera définitivement sur le pourvoi.

Art. 7. — La liste rectifiée s'il y a lieu, par suite de décisions judiciaires, sera close définitivement dix jours avant l'élection. Cette liste servira pour toutes les élections de l'année.

Art. 8. — Sont éligibles aux fonctions de président, de juge et de juge suppléant tous les électeurs inscrits sur la liste électorale âgés de trente ans, et les anciens commerçants français ayant exercé leur profession pendant cinq ans, au moins, dans l'arrondissement et y résidant.

Toutefois nul ne pourra être élu président s'il n'a exercé pendant deux ans les fonctions de juge titulaire, et nul ne pourra être nommé juge s'il n'a été juge suppléant pendant un an.

Art. 9. — Le vote aura lieu par canton, à la mairie du chef-lieu. Dans les villes divisées en plusieurs cantons, le maire désignera, pour chaque canton, le local où s'effectueront les opérations électorales et déléguera pour y présider, l'un de ses adjoints ou l'un des conseillers municipaux.

L'assemblée électorale sera convoquée par le préfet du département dans la première quinzaine de décembre au plus tard. Elle sera présidée par le maire ou son délégué assisté de quatre électeurs, qui seront les deux plus âgés et les deux plus jeunes des membres présents. Le bureau, ainsi composé, nomme un secrétaire pris dans l'assemblée. Il statue sur toutes les questions qui peuvent s'élever dans le cours de l'élection.

Cette assemblée pourra être divisée en plusieurs sections par arrêté du préfet, sur l'avis conforme du conseil général, dans les localités où cette division sera jugée nécessaire.

Le préfet pourra, par arrêté pris sur l'avis conforme du conseil général, convoquer les électeurs de deux cantons au chef-lieu de l'un de ces cantons en une seule assemblée électorale, qui sera présidée par le maire de ce chef-lieu.

Art. 10.—Le président sera élu au scrutin individuel.

Les juges titulaires et les juges suppléants seront nommés au scrutin de liste, mais par des bulletins distincts déposés dans des boîtes séparées.

Ces élections auront lieu simultanément.

Aucune élection ne sera valable au premier tour de scrutin, si les candidats n'ont pas obtenu la majorité des suffrages exprimés, et si cette majorité n'est pas égale au quart des électeurs inscrits.

Si la nomination n'a pas été obtenue au premier tour, un scrutin de ballotage aura lieu quinze jours après, et la majorité relative suffira, quel que soit le nombre des suffrages.

La durée de chaque scrutin sera de six heures; il s'ouvrira à dix heures du matin et sera fermé à quatre heures du soir.

Art. 11. — Le président de chaque assemblée proclame le résultat de l'élection, et transmet immédiatement au préfet le procès-verbal des opérations électorales.

Dans les vingt-quatre heures de la réception des procès-verbaux, le résultat général de l'élection de chaque ressort est constaté par une commission siégeant à la préfecture et composée ainsi qu'il suit :

Le préfet, président;

Le conseiller général du chef-lieu du département, et, dans le cas où le chef-lieu est divisé en plusieurs cantons, le plus âgé des conseillers généraux du chef-lieu, en cas d'absence ou d'empêchement des conseillers généraux, le conseiller d'arrondissement ou le plus âgé des conseillers d'arrondissement du chef-lieu;

Le maire du chef-lieu du département ou l'un de ses adjoints, en cas d'empêchement ou d'absence.

Dans les trois jours qui suivront les constatations des résultats électoraux par la commission ainsi composée, le préfet transmettra au procureur général près la Cour d'appel une copie certifiée du procès-verbal de l'ensemble des constatations et une autre copie, également certifiée, à chacun des greffiers des tribunaux de commerce du département.

Le préfet transmettra également le résultat des opérations électorales à tous les maires des chefs-lieux de canton, qui devront les faire afficher à la porte de la maison commune.

Dans les cinq jours de l'élection, tout électeur aura le droit d'élever des réclamations sur la régularité et la sincérité de l'élection. Dans les cinq jours de la réception du procès-verbal, le procureur général aura le même droit.

Ces réclamations seront communiquées aux citoyens dont l'élection serait attaquée et qui auront le droit d'intervenir dans les cinq jours de la communication. Elles seront jugées sommairement et sans frais dans la quinzaine par la Cour d'appel dans le ressort de laquelle l'élection a eu lieu.

L'opposition ne sera pas admise contre l'arrêt rendu par défaut et qui devra être signifié.

Le pourvoi en cassation contre l'arrêt rendu ne sera recevable que s'il est formé dans les dix jours de la signification. Il aura un effet suspensif et sera instruit suivant les formes indiquées à l'art. 6.

Art. 12. — La nullité partielle ou absolue de l'élection ne pourra être prononcée que dans les cas suivants :

1° Si l'élection n'a pas été faite selon les formes prescrites par la loi ;

2° Si le scrutin n'a pas été libre, ou s'il a été vicié par des manœuvres frauduleuses ;

3° S'il y a incapacité légale dans la personne de l'un ou de plusieurs des élus.

Sont applicables aux élections faites en vertu du présent article les dispositions des art. 98, 99, 100, 102, 103, 104, 105, 106, 107, 108, 109, 110, 112, 113, 114, 116, 117, 118, 119, 120, 121, 122, 123 de la loi du 15 mars 1849.

Art. 13. — L'art. 623 du Code de commerce est maintenu ; toutefois le président, quel que soit, au moment de son élection, le nombre de ses années de judicature comme juge titulaire, pourra toujours être élu pour deux années, à l'expiration desquelles il pourra être réélu pour une seconde période de même durée.

Art. 14. — Dans la quinzaine de la réception du procès-verbal, s'il n'y a pas de réclamations, ou dans la huitaine de l'arrêt statuant sur les réclamations, le procureur général invite les élus à se présenter à l'audience de la Cour d'appel, qui procède publiquement à leur réception et en dresse procès-verbal consigné dans ses registres.

Si la Cour ne siège pas dans l'arrondissement où le tribunal de commerce est établi, et si les élus le demandent, elle peut commettre, pour leur réception, le tribunal civil de l'arrondissement, qui y procèdera en séance publique, à la diligence du procureur de la République.

Le procès-verbal de cette séance est transmis à la Cour d'appel, qui en ordonne l'insertion dans ses registres. Le jour de l'installation publique du tribunal de commerce, il est donné lecture du procès-verbal de réception.

Art. 15. — Le rang à prendre dans le tableau des juges et des suppléants sera fixé par l'ancienneté, c'est-à-dire par le nombre des années de judicature avec ou sans interruption, et entre les juges élus pour la première fois, et par le même scrutin, par le nombre de voix que chacun d'eux aura obtenu dans l'élection, et, en cas d'égalité de suffrages, la priorité appartiendra au plus âgé.

Les jugements seront rendus par trois juges au moins: un juge titulaire fera nécessairement partie du tribunal à peine de nullité.

Art. 16. — Lorsque par suite de récusation ou d'empêchement, il ne restera pas un nombre suffisant de juges ou de suppléants, le tribunal tirera au sort, en séance publique, les noms des juges complémentaires pris dans une liste dressée annuellement par le tribunal.

Cette liste où ne seront portés que des éligibles ayant leur résidence dans la ville ou en cas d'insuffisance, des électeurs ayant légalement leur résidence dans la ville où siège le tribunal, sera de 50 noms pour Paris, de 25 noms pour les tribunaux de neuf membres, et de 15 noms pour les autres tribunaux.

Les juges complémentaires seront appelés dans l'ordre fixé par un tirage au sort, fait en séance publique par le président du tribunal, entre tous les noms de la liste.

Art. 17. — Dans les villes de Paris et de Lyon, il y aura autant de collèges électoraux qu'il y a d'arrondissements.

Le vote aura lieu dans chaque mairie d'arrondissement sur les listes électorales dressées conformément aux dispositions de la présente loi.

Dans les circonscriptions suburbaines comprises dans les départements de la Seine et du Rhône, les élections auront lieu au chef-lieu de canton, conformément aux règles précédemment établies.

Art. 18. — Il sera procédé à une élection générale dans les formes et délais prescrits par la présente loi.

A cette première élection, le président, la moitié des juges et des suppléants dont le tribunal sera composé, seront nommés pour deux ans ; — la seconde moitié des juges et des suppléants sera nommée pour un an ; — aux élections postérieures, toutes les nominations seront faites pour deux ans ; — le tout conformément aux dispositions de l'article 622 du Code de commerce.

Les présidents et juges en exercice au moment où aura lieu cette élection seront éligibles, sans qu'il soit tenu compte des années de judicature pendant lesquelles ils ont exercé leurs fonctions.

Art. 19. — Les pouvoirs des juges actuels sont maintenus jusqu'à l'installation de ceux qui doivent les remplacer.

Art. 20. — Il sera statué par une loi spéciale sur le mode d'élection des chambres de commerce et des chambres consultatives des arts et manufactures.

Art. 21. — Toutes dispositions antérieures qui seraient contraires à la présente loi sont et demeurent abrogées.

La présente loi, délibérée et adoptée par le Sénat et par la Chambre des députés, sera exécutée comme loi de l'Etat.

Fait à Paris, le 8 décembre 1883.

JULES GRÉVY.

Par le Président de la République.
Le garde des sceaux
ministre de la justice et des cultes,
MARTIN-FEUILLÉE.

Le ministre du commerce,
HÉRISSON.

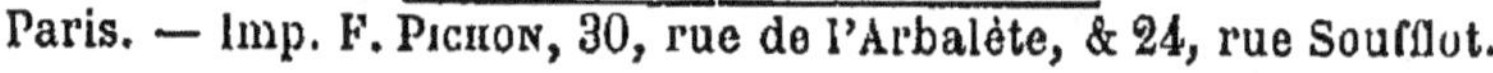

Paris. — Imp. F. PICHON, 30, rue de l'Arbalète, & 24, rue Soufflot.